LA ÚNICA FORMA DE GANAR DINERO MIENTRAS DUERMES

POR

JUSTIN MACDONATUS

TABLA DE CONTENIDO

Contenido

ELLOS LO DIJERON

"¡Imposible es una palabra en el diccionario de un tonto y yo no soy un tonto!"

- NAPOLEÓN BOURNAPARTE

¡ESTE LIBRO RESPONDE LAS SIGUIENTES PREGUNTAS!

1. ¿Es posible, en esta tierra, ganar dinero mientras se duerme?
2. ¿Cómo se puede hacer esto?
3. ¿No es lo mismo que poner tus fuentes de ingresos en piloto automático?
4. ¿No es solo para ti hacer un truco publicitario para los fabricantes de colchones?
5. ¿Hablamos de personas con permiso retribuido?
6. ¿Es algo nuevo bajo el sol?
7. ¿Puedes cortar los rellenos y dar en el clavo?

¿POR QUÉ ES ESTA LA ÚNICA FORMA?

Para entender esto, necesitamos definir lo que entendemos por **dormir.**

<u>Esto simplemente significa que **puede irse** o dedicarse a otra cosa sin que lo molesten o lo llamen para remediar algunas cosas para que el negocio siga creciendo y rindiendo.</u>

Una vez creado, este sistema continúa autocontrolándose **perpetuamente** .

Ni **siquiera necesita máquinas** para automatizarlo. Es autocargable.

También **se autorregula.**

Es como lanzar en paracaídas a algunos paracaidistas bien entrenados en el campo del enemigo. no solo saben qué hacer,

sino que realmente lo hacen y regresan sanos y salvos para prepararse para otro viaje.

Solo que en este caso, los paracaidistas no necesitan instrucción extra para hacer lo necesario.

DEDICACIÓN

Este libro está dedicado a todos los que deseen, no solo información relevante sino práctica, sin tener que esperar un día entero para obtenerla.

ADVERTENCIA

Las enseñanzas de este libro son:

1. No para los lirios de corazón.
2. Tampoco es un esquema rápido para hacerse rico. ¡Tiene tolerancia cero para el éxito del vuelo nocturno!
3. Ni una apuesta.
4. Ciertamente no para los perezosos.
5. Tampoco se recomienda para comerciantes que compran y venden para obtener ganancias a corto plazo.
6. Por supuesto, no es para aquellos que miran el clima.
7. Es sólo para los estudiosos, audaces y valientes.

CAPÍTULO UNO

DE QUÉ ESTAMOS HABLANDO

Este libro trata de hacer siete (7) cosas.

1. Crear riqueza solo con la mente humana.
2. Crear suficiente para servir a generaciones.
3. Creándolo con el mínimo trabajo.
4. Creándolo de una manera que por sí solo crea más riqueza.
5. Creándolo de manera que los emprendedores también puedan estar dormidos.
6. Crearlo sin depender de las máquinas para mantenerlo en marcha, aunque las máquinas juegan un papel en él.
7. Creando toda la felicidad redonda en el proceso.

CITA

"La imaginación es más importante que el conocimiento. Porque el conocimiento se limita a todo lo que ahora sabemos y entendemos, mientras que la imaginación abarca el mundo entero, y todo lo que alguna vez habrá para conocer y comprender".

— Albert Einstein

CAPITULO DOS

CREAR CONCURSOS DE TALENTOS PERENNES

Estas competiciones no deben estar fuera de las siguientes áreas:

PARTE A

1. La música y sus industrias aliadas, como los estudios.
2. La escritura en sus diversos géneros.
3. La edición en sus diversas formas.
4. El deporte en sus diversas vertientes.
5. Programas de entrevistas en varios aspectos como la comedia y el rap.
6. Espectáculos de cine y sketches.

7. Eventos y concursos de danza y teatro.

PARTE B

8. Deje que el Masterplan prevea la propiedad de la vivienda.
9. Crear negocios para poseer o administrar instalaciones deportivas, hoteles, hostales, centros de eventos, etc.
10. Planee deliberadamente tener de 500,000 a 1 millón de habitantes humanos ya sea en residencia o en tránsito.
11. Establecer creación de eventos y empresas de marketing.
12. Constitución de Sociedad o Sociedades de Gestión Inmobiliaria.
13. Que haya centros de desarrollo infantil.
14. Crear Transferencia de conocimientos y habilidades, así como instituciones y escuelas para jóvenes y adultos.

15. Crear empresas y asociaciones relevantes para la creación, el envasado y la comercialización de alimentos.
16. Establecer empresas de Higiene y Gestión de Residuos.
17. Establecer Agricultura e industrias afines.
18. También debe crear tiendas y supermercados.
19. Montar Ecommerce y empresas aliadas.
20. Puesta en marcha Construcción e industrias afines.
21. Establecer instituciones de microfinanzas.
22. Puesta en marcha de industrias solares y afines.
23. Configurar los equipos y servicios de seguridad pertinentes.
24. Puesta en marcha de Servicios de Horticultura y Decoración Interior.
25. Políticas de cero residuos.
26. Plan para cero deshierbe.

27. Plan para generar tu propia luz.
28. Establecer estaciones, canales y publicaciones de Publicidad y Comunicación.
29. Trabajen en ello, no con paciencia, sino con mucho sufrimiento. Si la visión tarda, espérala porque seguro que pagará.
30. Planifique estratégicamente el desarrollo para llegar al clímax dentro de 7 años. Etc.

CAPÍTULO TRES

¿CÓMO SE PUEDE HACER ESTO?

Tienes que seguir los siguientes pasos.

1. Desarrolle un plan maestro bien pensado para una ciudad completamente integrada, completamente nueva y autosuficiente pero inteligente.
2. La ciudad debe ser moderna. Debe ser bien planificado y futurista.
3. También debe estar impulsada por la tecnología.
4. Y digitalmente compatible. ¡La ciudad, por ejemplo, debe tener acceso a Wi-Fi gratuito siempre que sea posible!
5. Asociarse con hombres y mujeres de mentes afines. Si es posible,

identifique una causa o vínculo social.

6. Construye una asociación en torno a tu causa o vínculo social.

7. Articule su visión y misión tan claramente que los hombres y los hermanos las entiendan con gran facilidad y, por lo tanto, compren fácilmente.

8. Recaudar conjuntamente un capital mínimo de cuarenta millones de nairas. [...dólares]. Esto no se puede hacer de una sola vez.

9. Deben permitirse los pagos a plazos. Los proyectos deben desarrollarse/comenzar en fases.

10. Evite los préstamos. Los términos de pago de los préstamos a veces pueden ser atormentadores y matar la visión. ¡Cuidado con los intereses compuestos!

11. Comprar terreno. Ve por tierras vírgenes, por remotas que sean.

Apunta a ser el agente de cambio. No te desanimes porque podrías ser el primero en ir allí.

12. Asegúrese de comprar a aquellos que tienen derecho a vender.

13. Asegúrese de que su propiedad esté completamente documentada.

14. Venda parte de la tierra a sus socios y personas ajenas que estén de acuerdo con sus términos y condiciones. Los T & C deben incluir una aceptación incondicional de su visión y misión.

15. Otorgue a sus socios el derecho a la primera mención, para administrar algunos de los negocios y emprendimientos dentro de la ciudad. Esto debería ser un incentivo adicional para que inviertan en la nueva ciudad.

16. Franquicie algunos de los otros servicios e inversiones a terceros conformes.

17. Asegurar que las empresas participantes se integren entre sí. Esto debería funcionar tanto hacia adelante como hacia atrás. La mayoría de los desechos de algunas empresas deberían ser materia prima para otras empresas participantes.
18. Apunta a una ciudad de refugio. La nueva ciudad, por ejemplo, debería poder subsistir durante un mínimo de dos años en caso de otro cierre [local o global].
19. Fabrica tus propias necesidades. Esto debe incluir las necesidades básicas del hombre.
20. Deje también que sus actividades, incluidas la agricultura y la ganadería, así como otras inversiones, estén impulsadas por la seguridad. Por ejemplo, cría perros de seguridad.
21. Tener un código de conducta claramente articulado. Esto debería ser tanto para los

propietarios como para los inquilinos de la nueva ciudad.

22.   Apalancamiento en el turismo global.

23.   Elija la creación de empleo donde choca con la tecnología.

24.   Aprovechar los talentos. Fomentar el descubrimiento y desarrollo del talento.

25.   Asociarse con organismos profesionales.

26.   No permitas personas indocumentadas.

27.   No permitas los monopolios.

28.   Prever y prepararse para emergencias tales como incendios y brotes de enfermedades.

29.   Proporcionar para: aparcar y andar.

30.   No permitas la contaminación acústica.

31. No permita estructuras ilegales.

32.   Fomentar fuentes de energía alternativas a la gasolina.

33.	Entrega llaves de Ciudad de Honor.

34.	Trabajar para obtener subvenciones y crowdfunding.

35.	Tener un evento anual para periodistas.

36.	Planea exportar.

37.	Movilizar para albergar conferencias y seminarios internacionales.

38.	Ser socialmente responsable. Llega a tus vecinos.

39.	Plan para un mini pueblo de cine.

40.	deja que la ciudad represente algo. Etc.

"Mientras la tierra permanezca,

tiempo de siembra y tiempo de cosecha,

nunca cesará."

- La biblia

CAPÍTULO 4

¿POR QUÉ IR A DORMIR?

1. **Habrá una entrada constante de dinero para usted y otros inversores.**
2. **Esto se debe principalmente a que es un proyecto llave en mano** . Una vez que arranca, se garantiza que seguirá girando por sí solo.
3. Has creado **una población** de humanos.
4. Esta población tiene necesidades que ser satisfechas. Por lo tanto, hay un mercado listo para lo que sea que debas vender. ¡Hay, por lo tanto, **demanda lista** !
5. ¡También ha creado, no solo empresas listas, sino **un suministro constante!**

Has **privatizado los servicios sociales.** Por lo tanto, no solo las instalaciones están disponibles y facilitan la vida, sino que las personas estarán felices de permanecer en el medio ambiente .

6. Al privatizar las empresas y los servicios, ha **creado puestos de trabajo. Esto asegura que el dinero circule** dentro de la nueva ciudad y no solo se lleve a las comunidades vecinas en detrimento de la nueva ciudad y sus inversionistas.

7. La ciudad será bien publicitada. Eso se debe principalmente a su trato cercano con los periodistas ya través de las actividades de sus canales de comunicación. **La buena publicidad genera una afluencia de negocios que se habrían ido a otra parte** . ¡Eso, a su vez, significa más ingresos!

8. Dado que habrá un ambiente pacífico y hermosos hoteles de clase mundial e instituciones similares, i **habrá una afluencia constante de turistas y buscadores de entretenimiento con las consiguientes implicaciones financieras!**

9. Será una ciudad limpia. **Por lo tanto, diversas enfermedades peligrosas se mantendrán a raya.** Cuando los residentes no tienen que gastar su dinero en hospitales y hospitalizaciones, tienen más fondos para gastar.

10. Algunos de los talentos que su ciudad arrojará, se **globalizarán** y obtendrán divisas. Algo de eso seguramente encontrará su camino de regreso a la ciudad.

11. Los negocios asociados **obtendrán ganancias** .

12. Algunos de los **negocios creados retribuirán a la ciudad** . crearán y ejecutarán proyectos que ayudarán a la ciudad a crecer a largo plazo.
13. Su **banco de microfinanzas** empleará personas y obtendrá ganancias.

NOTAS

NOTAS

NOTAS

SOBRE EL AUTOR

Justin MacDonatus es investigador. ex editor, dedica su tiempo a investigar las tendencias comerciales.

www.ingramcontent.com/pod-product-compliance
Lightning Source LLC
Chambersburg PA
CBHW071130220526
45467CB00004B/2097